问题之书

[美] 乔治·斯托克 著
林晓琴 译

江苏凤凰文艺出版社
JIANGSU PHOENIX LITERATURE AND
ART PUBLISHING, LTD

致父母：

是他们给予我质疑一切的安全感和追寻答案的独立意识

致莎蒂（Sadie）：

是她的问题和回答让我能够以年轻人的眼光重新审视这个世界

新版简介与反思

我还记得二十五年前琢磨这些问题时候的经历：咖啡店里的寒暄因为这些问题而变成愉快的促膝长谈；与老朋友的叙旧带来了意外的灵感；本是平常的夜晚突然文思泉涌，于是一直伏案到凌晨。

《问题之书》初版于 1987 年，当时执政的还是里根和戈尔巴乔夫；柏林墙尚未倒塌；南非还处于白人统治之下；抗抑郁药百忧解才刚刚问世；布鲁斯·斯普林斯汀 (Bruce Springsteen) 的《爱的通道》(Tunnel of Love) 还位列排行榜榜首；情景喜剧《天才老爹》（The Bill Cosby Show）风靡美国；数码相机、互联网和人类基因工程还是天方夜谭；107 层的世贸中心大楼仍傲然耸立在纽约市中心；一部品质良好的手机重达 2 磅，价格二千五百美元，打一个小时电话就要充电，话费每分钟五十美分。

一切都变了，但是一切又都没有变。与现在的我们一样，当时人们也在金钱和家庭中挣扎，经历爱与失去，怀着希望却又充满恐惧。人们与疾病、死亡、失败和挫折不断较劲，追求人生的意义和成就感。他们了解欲望与背叛，他们像我们一样挣扎着寻求一个立身之地，努力理解自己，理解别人。

而现在时机已经成熟了，我们应该放下琐事，思考一下有关价值与信念的问题。《问题之书》通过最简单，最原始，最具体，人人都可能经历的困境逼迫你思考，深入了解你对生命、爱、金钱、性、诚实、大度、骄傲和死亡等人生核心问题的看法。

这本书引起许多人的共鸣，被翻译成多种语言，售出超千万册，开创了一种全新的问题图书类型，成为许多人心中特别重要的一本书。

二十多年过去了，人类生活中的核心问题依然没变，但是文化却已沧海桑田。随着人类生活的环境不断变化，语言和社会生活重心也变了样。此次再版不仅仅只是对原版中过时的措辞和参考文献改头换面，而是经过重新编写，加入了一百多个新问题，在全新的现代技术和社会环境中重新阐释了古老的人类困境。

这本书内容的跳跃性很大，因此即使你按顺序阅读本书，还是会遇到意想不到的问题和话题。阅读过程中，请注意特别吸引你或者你想要逃避的问题。我们在遇到尚未解决的问题时总是会有比较激烈的反应，因此如果读到一个你想要逃避的问题，恰恰说明这是你需要重点关注的问题。你是否对健康和死亡的问题特别感兴趣？你是否倾向于跳过与性有关的问题？为什么？

很多时候我们在寒暄闲聊时根本没有聊到任何实质性内容。你可以试试用这本书里的问题问问朋友或陌生人，看看有什么效果，有时可能会有惊喜哦。当你的思绪漫游的时候，可以让自己思考平常不敢面对的可怕问题，聆听自己内心的声音。有时候这些问题让人觉得难受，会给人带来巨大困扰，但是往往就是这些问题能够帮助我们另辟蹊径，增进感情和了解。在我们努力解决我们真正在乎的问题时，生活会变得更饱满生动，富有乐趣。

记住，这些问题并没有标准答案，区别只在于你给出的答案是否忠于自己。你是否真的了解当你拥有魔法或者处在假设的陌生情境时会做出什么事？当然不知道。既然这样，为什么不大胆想象呢？这样即使没有真正遇到这些难题，你也可以从中学习，增进自我认识。那么就大胆开始想象吧。请谨慎对待自己做出的选择，请抑制住逃避这些问题的冲动，不要试图否定它们的存在或者转移重点，蒙混过关。

尝试抛开你的怀疑，忽略时间旅行的悖论，知识的局限性和魔法的不可能性。接受问题中描绘的条件，假设描述的可能性都是正确的，所有诺言都会被兑现，而你在做决定时了解所有相关状况。

不要停留在简单的“对”或“错”。进一步探索并解释你给出的答案，直视自己的内心，努力做到坦诚勇敢，充分考虑你面临的艰难抉择。以这种方式探讨和探索这些问题，你会得到一些意想不到的有趣答案，不仅能够给你带来巨大收获，甚至可能改变你的一生。在此过程中如果有什么有趣想法，不要放弃思考，直到找到答案：这些问题只是起点，不是终点。

越频繁思考这些问题，你得到的越多。让你的想象力自由驰骋，充分融入问题所营造的情境中：你可以对这些情境进行补充、调整、更改，给自己更多选择，或者加大选择的难度。谁知道会有什么收获呢？在不断探索和挑战自己和朋友的价值观念的过程中，你会发现这绝不仅仅是一项娱乐消遣活动，也可以成为一种生活方式。

乔治·斯托克

用思想的力量改变世界

科技已经成为我们生活中的重要组成部分。如果让你选择，你愿意放弃使用所有机动车辆、通讯设备和电脑，还是愿意失去一只手？

Question

002

如果你六岁的女儿最喜欢的玩具是一个会说话的玩偶，那么当你想要说服你女儿交一个新朋友，也就是购买同一家公司同一产品系列的另一个玩偶，你会怎么做？

Question

如果让你选择痴迷一样东西，你会选择金钱、性、运动还是食物？

Question,

不考虑财务问题，如果未来五年内你只能住在一个地方，你会选择纽约这样的大都市，还是加州海岸上一个美丽但与世隔绝的小镇？

Question

005

如果让你选择，你是希望奥运会禁止服用兴奋剂，还是希望为了提高运动员成绩、让比赛更好看而允许服用兴奋剂？

Question,

如果你发现一首诗歌，它优美动人，深深打动了你，但它是电脑创作的，你有何感受？

如果你知道用不了一百年时间，智能机器就会拥有自我意识，比人类更聪明更有创造力，你作何感受？为什么？

Question

你在坚持做符合道德标准、不会伤害他人、与他人无关只涉及自己的事情时，曾违反过最严重的法律是什么？如果被捕并处以最高刑罚，这种惩罚会有多严重？

如果你是陪审团的一员，而且认为被告的行为不应视为犯罪，你会认定他有罪吗？

Question,

如果你可以在网络匿名发帖，毁掉别人的声誉而不被人发现，你会这么做吗？如果会，你想毁掉谁的声誉，为什么？

Question

009

一个平常的星期天，一万名游客来到巴黎参观卢浮宫。如果这时一个坏巫师威胁要让卢浮宫中的所有游客或者所有艺术珍品消失，而你可以决定要拯救的是游客还是艺术品，你会怎么选择？注意，如果你拒绝选择，那么游客和艺术品都会消失。

?

人类的文化成果和一百万条人命哪个更珍贵？如果历史上留下的所有音乐或小说都全部消失，你又会如何选择？

Question

如果你的心脏机能彻底受损，再无修复的可能，但移植经过基因改造的猪心脏，你还能再活几年，你愿意尝试吗？

Question,

如果出台一项法律，要求警察必须对其执勤过程进行全程录像并存档，你会支持吗?

Question,

012

如果给你十万美元，你愿意增重 40 磅（约 36 斤）并保持三年吗？需要给你多少钱你才会愿意增重 100 磅（约 91 斤）并至少保持一年？

Question

013

如果和你的一生挚爱在一起的方式只有一种，那就是第二天醒来，你们两个人会突然掌握一门陌生的外语，并在一周内永远忘记你的母语，你的朋友和祖国的文化都将变得遥不可及。你愿意吗？如果愿意，你想要学会哪门外语，为什么？

Question,

如果你的未婚夫/未婚妻因遭遇车祸而下身瘫痪，你会解除婚约吗？如果你的答案是否定的，那么如果对方四肢瘫痪，你会解除婚约吗？

如果你知道你的未婚夫/未婚妻很可能在五十岁时患上老年痴呆症，你会怎么做？

Question

你想出名吗？如果想，你希望因什么出名？如果你知道出名之后在几年内就会失去现在所有的朋友，而且再也无法交到真正的朋友，你也愿意吗？

Question

016

假设女性天生就比男性更聪明，更加勤奋努力，但是社会强制规定男性和女性对半分享最好的工作岗位和最好的教育机会，你会支持吗？如果支持，那么如果一个女性聪明、敬业，但是她的职位却被一个能力比她差的男性所取代，这公平吗？

Question

如果你能够通过电子设备在任何时间任何地点监视任何人，而且不被人察觉，你想要拥有这种本领吗？如果想，你想要监视谁，在离他多近的距离监视？如果不想，说说为什么？

如果总有一天他们会发现你的监视行为，你还想这么做吗？你觉得在持续不断的监视下你还能保持泰然自若吗？

Question,

如果你的父母告诉你他们从未真正爱过你，甚至连喜欢也没有，而你知道他们说的是真的，这会对你的生活有什么影响？如果你只是无意中听到他们对别人这么说呢？

你是否告诉过别人你不喜欢或者不爱你的父母？

Question,

如果水晶球可以告诉你某件与你自己有关的事情的真相——你的生活、未来，或者其他任何事情，你想了解哪个方面，为什么？

Question

如果能够根据你的欲望和关注点来定制高效的广告，使你根本无力拒绝广告所推销的产品，你希望法律禁止广告吗？如果有一款高科技太阳镜能够过滤掉广告牌和其他广告，让你的视野里只剩下原始的视觉景观，你会购买这种太阳镜吗？

Question,

如果发现了宇宙中其他星球存在智慧生命的证据，会改变你的核心信念或自我感知吗？

？

如果证据表明人类是银河系中唯一的智慧生命，这会改变你的核心信念或自我感知吗？

Question

如果你可以随心所欲支付任何金额的个人所得税而且不违反法律，你会将多少收入比例上交给政府？如果你知道其他人都是按照一个相同的比例支付个人所得税，你会选择提交其他比例的个人所得税吗？

?

如果你知道其他人都会按照和你相同的标准纳税，那么你愿意向政府提交你所拥有资产中的多少比例？

Question

为了保障自己的财务安全，你会更努力预防风险从而彻底避免风险，还是会采取风险缓冲措施确保能够承受未知的风险？你觉得哪种方法更有效，为什么？

Question,

如果你知道自己能够帮助孩子申请到更好的大学，你会彻底改写你孩子的大学申请书吗？

如果你真的这么做了，那么你将如何向他们解释？这种做法与作弊有什么区别？

Question

你想要在身体的黄金时期拍摄一张自己的高清裸照吗？如果不想，那么你会不会有一天想要看看自己的裸照？

?

Question

如果你在某个派对上遇到一个人，你知道只要和他聊天，他就会让你赚到几千万美元，但两年之后你会破产，一切还得从头来过。你会去和他聊天吗？假设你去跟他聊天了，就不再记得接下来会发生什么事情。

?

Question,

你想要变成真正聪明的人吗，比99.9%的人都聪明？如果变聪明的代价是你几乎要彻底失去你的幽默感，让大部分人感到有趣的东西也无法再让你觉得有趣，这会影响你的决定吗？

Question

为了探索首个已探明存在外星生命的遥远星球，人类挑选了一大批宇航员开启一场星际旅行。这次星际旅行需要长达一百年的时间，但是可以通过高科技手段让宇航员休眠，因此整个行程结束时宇航员只会老几岁。你对这场旅行感兴趣吗？如果不感兴趣的话，那么什么才能改变你的想法？

Question

如果你的家庭穷困潦倒，而支撑这个家庭的唯一方法是从一个有钱人家里偷钱，但是不会被人发现，你会这么做吗？

你觉得世界上有多少人会认为你是富人？

Question,

在你的生活中，感恩和嫉妒这两种情绪哪一种出现得更多？你认为最应该感恩的事情是什么？

?

你是否经常表达对生活的感恩？

Question,

如果你被锁在一个时光机中，将要穿越到过去或未来，但是去了就再也无法回来，而你有十分钟时间可以输入想去的年代和地点，你会前往哪个时代，什么地方？为什么？假设时光旅行之后你能安全回来，还能带上你的家人和朋友，这时你想去什么年代，什么地方？

Question

如果另一个国家向你的国家投放了一颗原子弹，你会支持本国对这个国家使用核武器吗？

?

一个国家私下支持的境外恐怖势力，在你的国家一个大城市中心引爆了原子弹，二百万人因此丧生。那么你会支持报复这个国家吗，如果支持，你会选择哪种报复方式？

Question,

如果你可以变成异性生活一周，你愿意尝试吗？如果是变成老人、非常漂亮的人、非常丑的人，或者严重残疾的人呢？如果愿意，你最想尝试哪种角色？

Question

如果所有在线互动和网络浏览都强制要求实名制，而且互动和浏览的内容都将被记录存档，这会对你使用互联网以及你与他人沟通的方式产生什么影响？

Question

你希望你的另一半比你聪明得多、迷人得多吗？如果希望，那么你觉得你身上的哪些特质会让他/她对你死心塌地？

?

Question

如果你将在今晚死去，而且没有机会和任何人沟通，那么你最后悔的是没有对谁说什么话？如果这个时候给你向他们诉说的机会呢？

Question

037

你正在飞机上与一个相貌平平的陌生人愉快聊天。突然这个人向你提出愿意给你三万美元，让你与他/她发生一夜情。如果你确认不会有危险，而且你一定可以得到这笔钱，你愿意吗？如果要让你改变主意，这笔钱该增加或是减少多少？

?

这个人的年龄和性别会对你的决定有怎样的影响？为了即付现金和人发生性关系，以及为了其他未来收益而与他人发生性关系，这两者之间有什么区别？

Question,

如果给你三万美元，你愿意两个月不洗手、不刷牙、不洗澡，甚至不使用除臭剂吗？假设你不能告诉任何人这么做的原因。

?

哪一件事会更让你觉得困扰：几个月不维护个人基本卫生，还是与陌生人发生性关系？

Question,

如果一种新药可以治愈关节炎，但是一百个服用者中会有一个人死亡，你希望法律批准使用这种新药吗？如果一种疫苗可以预防癌症，但是二十个服用者中会有一个人死亡，你会支持这种疫苗合法化吗？

Question

如果你发现由于医院操作失误，你两岁的孩子并非你亲生的。你会选择把孩子换回来吗？假设你与自己亲生的孩子并没有任何接触。

?

Question,

如果你知道与你爱的人结婚会让你疏远你的家人和朋友，你会选择听从你的内心吗?

Question,

你觉得一百年之后，这个世界会变得更好还是更差？你觉得我们现在的世界会比一百年前的世界更好吗？为什么？

?

Question,

在我们的文化中，男性还是女性过得更轻松一点？你可曾希望过你是另一个性别的人？

Question

失忆症有两种类型：一种是忘记了过去的事情，另一种是你无法再形成新的记忆。如果你狠狠摔了一跤得了失忆症，你觉得哪种失忆更严重一些？

Question,

如果你只要想象别人死亡，然后说一句“再见”就可以杀人，你会使用这种超能力吗？假设他们都是自然死亡，没有人会怀疑你。

Question

能够更好地控制你生活中发生的事，以及能够更好地控制对于已经发生事情的反应，哪种会让你感到更开心？你该怎么做才能达到这种控制效果？

Question

你认为应该禁止可以透过人类衣服看到身体的高科技眼镜吗？你愿意花多少钱买这种眼镜？

Question

你愿意在事业上取得巨大成功但是个人生活却平淡无奇，还是愿意过非常精彩的个人生活，但是事业上却没什么建树？

？

如果你觉得个人生活更重要，这是否在你的生活重心中得到体现？如果没有，说说为什么？

Question,

你做过的最不像话的事情是什么？当你回想这件事的时候，你会觉得开心还是后悔？

你是否希望过去的自己多一些谨慎？或者你希望自己少一些谨慎？

Question,

050

假设在对于人体健康没有不良影响的情况下，你可以让全世界的人都变得不孕不育，而当他们需要生育的时候只需服用便宜且很普及的“生育药”，你会这么做吗？如果需要特意服用药物才能怀孕，那么你认为出生率会降低多少？

Question

如果你可以获得他人身上你很欣赏的某种能力或特质，你会选择什么？你是否认为朝着这方面努力就能培养这种能力或特质？

Question,

在公园散步时你看到一个陌生人，而且百分百确定只要你上前搭讪，你们两个一定会深深坠入爱河。但是同时你也知道六个月内这个人就会出车祸，被撞身亡。那么你会选择去认识他，还是转身离开？假设你知道一旦做出决定，你就会忘记接下来将发生的一切。

?

爱情的浓烈程度和持久性，这两者哪一个对你比较重要？如果明知道结果是残酷的背叛，你还是会选择开始一段长久的、轰轰烈烈的恋爱吗？

Question

如果你可以通过巫毒娃娃伤害你想要伤害的人，你会这么做吗？如果会，你想要伤害谁？

Question,

如果有人为你举办一场派对，邀请了过去和现在对你重要的人，那么你最期待见到谁？最担心见到谁？为什么？

Question

你的配偶（或爱人）在旅途中与陌生人发生了一夜情。如果你知道他们以后再也不会见面，而且你也不会自己发现这件事，你希望你的配偶坦诚告诉你吗？如果是你与陌生人发生了一夜情，你会向你的配偶承认吗？

配偶的婚外情进展到什么样的程度你才会希望对方告诉你事实？你有多信任你的爱人？对方应该多信任你？

Question

056

快乐和成功，痛苦和失望，哪种对你性格的养成影响更大？

如果你可以保护你爱的人免受痛苦和失败，你认为你的保护最终会让他们变得脆弱吗？

Question,

如果你必须在改行和移居到另一个国家之间选择一个，你会选择什么？此时你第一个想到的新职业或新国家是哪个？

?

被迫做出这种改变是否在某个层面上对你有一定的吸引力？

Question

世界上是否有一些你非常羡慕的人，羡慕到甚至想要和他们交换人生？如果有，他们是谁？

你觉得如果他们了解了你的整个人生之后，会有很多人愿意跟你交换人生吗？为什么？

Question,

如果你可以选择去世界上任何一个地方度假一周，而且费用全免，但你必须扯掉一只美丽蝴蝶的翅膀，你会愿意吗？如果愿意，这对你的度假心情会有影响吗？如果要求你踩死一只蟑螂呢？

?

美丽的生物是否比丑陋的生物更值得同情？如果真是如此，原因是什么？毁坏你认为美好的东西会让你感到痛苦吗？折断一只昆虫的翅膀与踩死它有何实质区别？你需要多大的诱惑才会忍心折断一只蜂鸟或一只鸽子的翅膀？

Question,

如果你决定开启一段全新的人生旅程但是前途未卜，而你的朋友一点也不希望你这么做。但你坚信你的选择是正确的，你会无视他们的意见坚持自己的决定吗？

Question

如果你是数百万儿童的偶像，他们模仿你的行为，以你的人生选择为行动依据，你会怎样改变你现在的行为？如果只有你自己的孩子注意到你的行为并受到你的影响呢？

Question,

如果你放弃自己视觉、听觉、嗅觉中的一项，就能消除世界上的饥饿，你愿意自我牺牲吗？如果愿意，你会选择放弃哪一项？

Question

如果上帝出现在你的梦里，让你放下一切，独自前往加利利海做一个渔夫，你会这么做吗？

Question

如果有非常棒的厨师、司机、管家、女按摩师或私人秘书可以为你免费服务五年，你想要谁的服务？

Question

如果你的一个非常好的朋友发现自己得了不治的癌症，他/她的生命只剩下六个月，你会跟他/她疏远，还是会花更多时间陪他/她？

?

如果你发现你的生命只剩下六个月，但是在临终之前看不出生病的样子，那么你会什么时候告诉你的家人，朋友和熟人？

Question

你最大的成就是什么？这个成就对你的意义有你自己想象的那么重大吗？你想要做的事情中，有没有比这个成就更棒的？

Question

如果你家住在海边低洼地带，当你知道全球变暖后每一百年海平面会上升一英尺，几百年之后这整个地方会被海水淹没，这会对你的生活产生怎样的影响？

Question

如果给你一种药片，吃一颗后你每天只要睡一个小时就能恢复精神，并且没有副作用，那你愿意为此放弃你所拥有的一半东西吗?

你觉得你的时间够用吗?如果答案是否定的，是什么让你觉得时间不够用?当你慢慢变老后，你会越发担心“浪费”时间，还是变得更加释然?

Question

你知道如果全身心投入一件十分耗费时间的事业，例如音乐、写作、表演、从商、从政或从医长达二十年之后，你会变成世界范围内这个行业的佼佼者，你愿意尝试吗？如果愿意，你会选择哪个行业？

?

如果你知道这种投入仅仅只能给你带来成功的机会，却无法保证你一定能成功，你还愿意尝试吗？

Question

你在喝酒时最爽的体验是什么，最糟糕的体验又是什么？

Question,

如果只要在指尖植入一个晶粒大小的电脑芯片，从此无须使用信用卡和钥匙，只要挥一挥手就能购物或者开锁，你想要尝试吗？

?

Question

072

通过你结交的朋友，别人可以对你有怎样的了解？

?

你的好朋友年龄比你大还是比你小？他们拥有比你更多的才华吗？比你更成功吗？你的价值观、志向、兴趣是否与他们相同？

Question

如果要你动手术切掉一根手指，并且之后你会免于所有重大疾病，你愿意吗？

?

Question,

如果我们的寿命延长到几百年，即使是很老很老的老人也很健康，看起来很年轻，那么你希望你的伴侣老于世故，拥有很多人生经验，还是希望他/她更年轻更天真，刚刚开始经历世事？为什么？

如果你想出门度假，你是希望和非常熟悉目的地的朋友一起去，还是喜欢与跟你一样第一次来到这里的朋友一起度假？

Question

如果政府可以通过摄像头、植入传感器和自动监控设备来无限期追踪假释犯人的一举一动，从而防止他们再次作恶，你会要求将这种技术用于监视已释放的重罪犯人吗？如果会，你希望监视多久，你希望对他们的活动施加什么样的限制？如果不想，说说为什么？

Question

如果你居住的社区犯罪事件频发，你愿意学习格斗术以便防身吗？如果愿意，你是否认为这会导致防卫过当的几率上升？

Question,

如果你发现当年你母亲怀上你的时候是五胞胎，你还有其他四个一模一样的兄弟姐妹活在世上，你会觉得很感兴趣还是很失落？你想见一见这些兄弟姐妹吗？

Question

你家着火了，你的所有家产都在里面，在救出你的家人和宠物之后，你还有时间冲进火场救出一样东西。你会选择救什么？

Question

这几年里你和别人发生的最激烈的肢体冲突是什么？最后谁赢了？

Question,

080

如果发现配偶的前任跟你是不一样的性别，你作何反应？

?

你是否有对男女两性、你的家庭成员，或者已经在恋爱关系中的人产生性吸引的经历？如果有，你们是怎么解决这个问题的？

Question

如果你能够通过时间旅行去往未来，而且带回那个时代你能够获取的任何知识，但是回来之后时间已经过去了一年，你愿意吗？你觉得如果能去往未来，你能发现的最珍贵的事情是什么？这些事对你有什么价值？

Question,

生活清贫地在大城市奋斗和在小城市过安逸的生活，你更愿意选择哪一个？你现在是两者中的哪一个？是什么促使你选择现在的生活？

Question,

玩游戏时，你喜欢与比你技术更好还是更差的人一起玩？如果有其他人看着你们玩，你还会做同样的选择吗？

?

对于总把自己描绘成一个普通人，不比大多数人好，也不比他们差，你的感觉如何？如果你发现自己真的只是一个平凡人，你会觉得如释重负，还是觉得失望？

Question

如果你的母亲卧病在床，十分痛苦，生命只剩下最后几周时间，她央求你给她毒药让她自杀，你会想办法满足她的心愿吗？

？

帮助临终病人结束生命是否该视为犯法？如果是，为什么？如果一个人没有生命危险，但是他 / 她的精神处在深深的痛苦之中，那么是否可以允许这样的人自杀？

Question,

如果你所拥有的东西并不影响别人对你的看法，你会不会改变你花钱的方式？

?

Question,

如果你可以选择世界上任何一个人和你共进晚餐，你会选择谁？你的朋友还是你的爱人？你不要求你的爱人拥有，但却希望你的朋友拥有的特质有哪些？

?

Question

无法上网对于很多人来说是一种严重的惩罚，那么你觉得让监狱中的重罪犯人也能够上网是对的吗？

Question

你多久会退后一步反思你目前的发展方向？更多的自我反思和更少的自我反思，哪个对你更有好处？

你有哪些具体的长期目标？如果有，哪个目标是最重要的？你如何实现这个目标，你觉得实现这个目标会对你的生活起到怎样的提升作用？

Question

现在有一些医疗机构，如果你支付一笔先期费用，等到将来你生病时，他们会为你提供世界一流的免费医疗服务。为获得这种保障，你愿意支付多少先期费用？

Question,

如果一天早晨你出门时看见一只翅膀折断的鸟缩在灌木丛中，你会怎么做？为什么？

Question

如果恐怖分子要求政府支付二百五十亿美元赎金，否则他们将在上海滩引爆一颗原子弹。政府应该怎么做？你会怎么做？

如果他们投放原子弹的地方不是这么繁华重要的地方，这会影响你的决定吗？

Question,

如果你知道停止性生活一年，你的内心会变得更加平静，你愿意吗？

?

如果接下来一年你想要多少美妙的性生活就有多少，那么你愿意放弃哪些东西？

Question,

如果可以随机从别人身上拿出十年寿命给你，你想要吗？如果这个人是你的朋友（而且你们依然保持联系），你还想要吗？

Question,

094

一个很了解你的好朋友对你实施了一个精心准备的恶作剧，让你看起来就像个彻头彻尾的傻瓜。你会作何反应？如果你知道他们开这个玩笑就是为了让你看到自己也不了解的一面，你会介意吗？

?

如果你的朋友让你失望了，你会很容易原谅他们吗？如果你没有达到他们对你的期望，你是希望他们对你更宽容还是更不宽容？

Question,

自己一个人吃晚饭或者自己去看电影会让你觉得舒服吗？如果不舒服，在自己去做这些事情和与一个你勉强喜欢的人一起去做这些事情，你会选择哪个？

Question,

如果你知道你可以投入大量医疗研究基金，在十五年内研制出某个特定疾病的治愈方法，但是在其他疾病方面无法取得任何进展，你会将所有基金用于研究这种疾病吗？如果会，你想研究哪种疾病，为什么？

Question

097

如果你最好的朋友疯狂爱上一个你认为虚伪狡猾的人，而你可以通过匿名服务获得这个人的信用、医疗和就业记录、学校记录、停车罚单、政治活动记录、银行记录和社交账号发帖记录，你会这么做吗？如果会，那在这些记录中发现什么才会让你开始出面干预，以保护你的朋友？

如果你知道在不到十年时间里窥探他人隐私会变成社会中常见的行为，每个人的生活都会变得完全透明，那么你会在哪些方面开始窥探别人的隐私？你觉得了解周围人的一切是件好事吗？

Question

如果你知道你这一生都不会有什么重要成就，这对你的人生目标和态度会有什么影响？如果你知道你命中注定要干一番大事，但你不知道会是什么大事，那又会有什么影响？

？

很多年以后当你回首过去，你会觉得哪些东西在你的生命中最有意义？

当你回首往事的时候，什么会让你后悔？

Question,

如果你的父母老了，在把他们接到家里和自己一起住和送他们去养老院之间，你会怎么选择？如果你的兄弟姐妹生活无法自理，你会怎么做？

Question

100

如果随着未来科技的发展，星际旅行会变得像相邻城市之间的旅行一样快捷便宜，但却要以每年五十万条人命为代价，那么你希望科技发展到这种程度吗？

?

如果你生活在 1900 年，而且知道下一个世纪汽车普及后会造成两万人死亡，你会希望停止汽车研发吗？你认为目前有哪些技术的发展是比较危险的（可以参照每年车祸死亡人数五十万和吸烟致死人数五百万）？

Question

如果你被迫在接下来一年里每天一大早都要听到下列一种声音：婴儿哭泣声，尖叫声，醉鬼咒骂声或者单曲循环某首儿歌，你会选择哪一种？

Question,

你和你深爱的人被关在不同的两个房间里，你们旁边都有一个按钮。你们都知道除非有人在接下来六十分钟内按了按钮，否则两个人都会死。你也知道第一个按下按钮的人会立刻死掉，但是可以救下另一个人。这种情况下你会怎么做？

?

Question,

如果你可以穿越回过去但无法再回到现在，你愿意吗？如果你想要改变过去，你会穿越到哪里，去做什么？

如果你能够改变过去，你觉得会对现在的世界产生怎样的影响？如果你改变历史会带来长远的不良后果，你会觉得惊讶吗？

Question

你更愿意五十岁时在朋友的陪伴下平静去世，还是希望在八十岁的时候孤单痛苦地死去？

Question

你的生活曾因为看似随机的影响或事件而发生重大变化吗?

你是否觉得以你似乎能够控制自己命运的方式活着是一件好事?你是否正是以这种方式活着?

Question,

如果你可以少做一半的工作，但工资保持不变，或者工作量保持不变但工资翻倍，你会选择哪个?

?

Question,

你的好朋友在电话中跟你争吵，生气后挂了电话。如果他／她不给你电话，你会给他／她打电话吗？如果你会回电话，要等多久才会回？

Question

你是否曾经向家人或朋友“借”过钱（或其他东西）但是没有归还？如果真是如此，原因是什么？谁向你借过钱没还，后果是什么？

Question

如果给你一大笔钱，你愿意在一年时间里每天晚上做噩梦吗？

如果你知道除非你换工作，而且大幅度减薪，否则你会经常失眠，而且每隔几周就会做噩梦，这时你会怎么做？

Question

你愿意去屠宰场杀一只奶牛吗？你吃肉吗？

Question,

你愿意年复一年每天二十四小时、每周七天记录你听到看到的所有东西吗？

如果你能够方便地找到并重播之前发生的对话或互动，这会对你的人际关系产生怎样的影响？

Question,

如果在一周时间内你能够让另一个人了解你的每一个想法，每一个感受，那么你希望这个人是谁？你觉得这周过去后这个人会更喜欢你还是变得不喜欢你？

如果别人了解真正的你，了解你的弱点和过失，你的优势和成就，你觉得他们对你的看法会改变很多吗？最让他们感到惊讶的会是什么？

Question

如果给你提供食物和住处，你愿意在与世隔绝的美丽自然环境中独自待一个月吗？

Question,

体检后，医生打电话告诉你，你得了罕见的淋巴癌，生命只剩下一个月时间。一周之后，医生又告诉你化验室检测错误，你非常健康。你是否认为因面临死亡而获得的人生感悟值得你所承受的痛苦？

你觉得这样的经历会对你的人生有什么影响？

Question,

一个晴朗炎热的下午，你穿过某大型购物中心的停车场，看到一只狗被锁在车里，热得不行。你愿意为它做什么吗？你会做什么呢？

Question,

如果可以大幅度降低你所在社区的犯罪率，你是否支持对所有街道、人行道、公园和其他公共场所进行不间断的视频监控？

你会支持要求每个人进入公共场所都必须携带身份证明的规定吗？

Question

如果你可以通过释放病菌让全世界的所有烟草全部死亡，从而达到禁烟目的，你会这么做吗？如果可以这么做的话，最让你困扰的会是什么？

?

Question

如果你知道在一年内你就会死于心脏病发作，这会对你的生活有什么影响？

Question

假设人们总是用小型摄像机记录他们看到听到的一切，而你能在网上看到无数现成的第一人称视角视频，包括战争、犯罪、运动和性生活。你想看到哪个方面的内容？

Question

如果给你二百万美元，你愿意离开自己的国家，从此再也不回来吗？至少需要给你多少钱你才会决定这么做？

如果明天你必须逃离这个国家，再也不回来，你想去哪里开始新生活，为什么？

Question,

参与制作儿童色情作品的人会受到严重的刑罚。如果虚拟儿童色情作品中包含成人而且使用逼真的计算机生成影像而非真正的儿童，你认为该受到重罚吗？如果应该，为什么？

Question

让你描述发生在你身上的一些事时，你通常会夸大和美化事实吗？如果会，为什么？

Question

如果你百分百确定五百年以后人类会有惊人的繁荣发展，这会对你的生活产生什么影响？相反，如果你知道人类文明会在全球战争或者环境灾难中毁灭，会对你产生什么影响？

如果全世界只有你知道二十年后太阳会爆炸，地球会毁灭，又会对你产生什么影响？

Question,

寻求别人的帮助对你而言是否是一件困难的事？如果是，最让你觉得困扰的是什么？

在你需要帮助时，你会求助于谁？为什么？你觉得这个人在遇到困难的时候会想起你吗？

Question,

你正在为慈善事业募款，有人同意捐赠一大笔资金，条件是你要在接下来的募款活动中独自在一千位观众面前表演节目。你会同意吗？捐款金额需要达到多少你才会同意表演，你会表演什么？

Question

如果你会在明天离世，你希望拥有什么样的葬礼？谁会在你的葬礼上发言，关于你，他们会说什么（假设他们的发言都是坦诚的）？

你希望有很多人来追悼你吗？

Question,

如果一场打击政治腐败的运动坚持认为让政治家尽量保持廉洁的唯一方法是让他们始终随身佩戴小型视频监听器，随时随地记录他们的一举一动并在网上曝光。你会支持用这种方法监视重要公选官员吗？

什么样的人会在完全牺牲隐私的情况下依然坚持从政呢？你觉得这样完全透明公开的模式会对议员的游说产生怎样的影响？对此你最大的担忧是什么？

Question,

你和你最好的朋友以及你父亲一起外出，远足到一个偏远的湖泊附近。他们两人不小心踩到毒蛇窝，双双被咬伤，身中剧毒。你知道如果不立即注射整支抗蛇毒血清的话，两个人都会没命，不幸的是你只有一支血清。这种情况下你会怎么做？

Question

如果你的孩子必须在无趣、愚蠢或丑陋等缺陷之中占一样，你宁愿他/她有哪种缺陷？你会因孩子的性别而做出不同的选择吗？

Question

如果要求你从 1 到 10 给自己评分，其中 1 代表拥有安全感，生活舒适，人生目标很容易达成，而 10 代表冒险，生活艰难，努力想要获得巨大成就，那么你希望你可以得几分，为什么？以你现在的状态可以得几分？

Question

131

如果你会更加努力地做事，可能是为了获得别人的赞扬和认可，还是为了避免批评？

?

对于别人，你更多的是批评还是赞扬他们？

Question,

如果通过相对安全的手术在你体内植入一个永久性心脏检测仪，该检测仪可以在心脏病突发之前检测出明显迹象并寻求医疗救助，你愿意吗？

Question

如果你在政府部门工作时发现总统为了让这个国家往积极方向发展而犯下严重罪行，那么你会试着揭发这种犯罪行为吗？如果你知道在揭发罪行过程中你会名声扫地，你又会怎么做？

Question

如果你走在拥挤的街道上，一个衣着光鲜的陌生人走向你，说他丢了钱包，问你可否给他十美元买火车票，你会怎么做？

如果是一个面容憔悴的人告诉你他找不到工作，现在很饿，希望你给他一点施舍，你又会怎么做？

Question

如果你可以活到一百岁，但你的身体年龄或心理年龄会永远停留在二十五岁，你希望身体年龄还是心理年龄保持二十五岁？如果你只能将身体年龄或心理年龄保持在目前状态，你又会怎么选择？

如果以年轻的状态活到一百岁，你觉得最困难的会是什么？

Question

你在奋斗过程中最想得到的是什么？安全感、成就感、成功、爱、权力还是刺激？

Question,

如果你有一次赌博机会，胜率对半开，但赢了之后将获得十倍的赔率，那么你会下多大注？如果你的胜率是90%，赔率仍然是十倍，你又会下多大的注？

Question,

在你所有的习惯中，最具有强迫性的习惯是哪两个？你是否努力尝试过改掉这些习惯？如果尝试过，那么当你最终被迫放弃，认命接受这些习惯时感受如何？

Question,

如果你只能通过以下一种工具与你的朋友和同事进行交流：电话、短信、电子邮件或社交媒体，你会选择哪个工具，你觉得这会对你们的关系产生怎样的影响？

?

Question

如果你可以释放经过改造的病毒来消灭你想要消灭的任意三个物种，你会选择消灭哪三种动物或植物？你是否很想消灭哪些物种，但是出于环境因素考虑或者其他因素的考虑却不能消灭它们？

如果你不想消灭任何物种，你是否认为科学家应该停止尝试消灭疟原虫（每天导致三千人死亡）和采采蝇（每天导致近三千人感染昏睡病）？

Question

如果你发现你最好的朋友贩卖非法物品，你会怎么做?

Question

一天深夜，你开车经过一个无人居住的社区，这时一只狗跳到你的车前。虽然你猛踩刹车，还是撞到了这只狗。你会停下来救它吗?

?

如果你停下时发现狗已经死了，但狗身上有狗牌，你会联系狗主人吗?

Question

伟哥的出现只能说明性功能治疗领域才刚刚开始发展。如果现在有两种新药，一种能够增强你的性欲长达二十四个小时，而另一种则会降低你的性欲，你觉得你会定期服用其中一种药物吗？比如在你需要放松消遣时增强性欲，在你需要工作时降低性欲？

?

如果你能够有意识地控制你的性欲，你觉得你的生活会变得更好还是更糟糕？如果你能够永久性让你的伴侣的性欲增强一倍或减半，你会如何选择？

Question

如果牺牲你的生命能够造福人类，让你成为万人景仰的英雄，你愿意牺牲自己吗？如果没有人会知道你的牺牲，而且你的功劳会被记到一个你很厌恶的人的头上，你还愿意吗？

如果你比现在更年轻一点或更老一点的话，你觉得自己会做出不同决定吗？

Question,

假设不论你做什么工作得到的都是一样的工资，你会换一份工作吗？如果会，你会选择什么工作，为什么？

Question,

对于你至今还未做过的事情，你更愿意尝试，还是更不愿意尝试？

Question

147

网上的一个精神病跟踪狂将你列为目标，不断对你进行攻击，发送恐吓邮件，公开发帖诋毁你，向你家人、朋友和熟人寄送言语恶毒的纸条，想要通过这些手段摧毁你。公安机关无能为力，其他任何人都帮不上忙。你只有两种选择：忍受这种攻击，学会与之共存，或者付一大笔钱雇杀手把这个变态解决掉同时不让人发现。你会选择怎么做？

Question

你的家庭关系亲密有爱吗？你是否觉得你的童年比大部分人更快乐？

?

你是否认为家长应该保护儿童让他们远离不幸？哪些儿时的宝贵经历对你日后的生活起到重要影响？童年时候你遇到的最困难的经历是什么？这些经历是快乐的还是痛苦的？

Question

如果你每天晚上都可以做美妙的春梦，你愿意五年时间没有性生活吗？

Question

一起吃饭时，一个你认识的人开始贬低你们共同的朋友。如果你觉得他的指责不公平，你会站出来为这个朋友说话吗？

?

Question

如果可以让你身体老化的速度放慢许多，在没有遇到事故的情况下，你可以活一千年，你愿意尝试吗？

?

你是否认为活得太久会觉得厌烦，或者无法与身边人相处？如果你知道你爱的人会一个个离去留下你独自活在世上，你会觉得很痛苦吗？

Question

从你进入青春期开始，在哪个阶段的成长和变化最大？如果你还想经历另一个大幅度成长和变化的阶段，你该怎么做才能带来这种改变，你会怎样重新塑造你的人生？

Question

如果在学校一场重要考试中你遇到困难，但你能上网找到答案，还不会被人发现，你会这么做吗？

如果你发现别人在考试时作弊，你会怎么做？如果你在考试前签了（或者没有签）诚信考试保证书，会对考试中的行为有什么影响吗？

Question,

如果你在朋友家过节，正享受一顿丰盛的晚餐时，突然在沙拉中发现了一只死蟑螂，你会怎么做?

Question

如果给你五万美元，你愿意杀死你喜欢的一只健康宠物吗？这笔钱要增加或减少多少才会改变你的选择？

如果这只宠物不是你的，而是一个孩子或一个朋友的，他们希望你给他们点建议，你会建议他们怎么做？

Question,

对于你而言，以下两种情况哪种更糟糕：你必须离开你的国家，再也不能回来；还是从此以后你再也无法离开你家方圆一百五十英里以内的区域？

Question

如果你可以变得很聪明，但是从你的嘴巴到一边耳朵会出现一个明显的大伤疤，你愿意吗？

Question,

你做过的最让你愉悦的梦是什么？你做过的最恐怖的噩梦是什么？

?

如果你可以决定你下一次梦的内容，你希望是个怎样的故事？通过你的梦，你是否对自己更加了解？如果是，那么了解的是什么方面？

Question

如果可以让你变得非常迷人，非常出名，非常富有，非常聪明，或者让你在其他方面拥有出众的才华，你愿意减寿十年吗？

Question,

如果从你上一个学校或者上一个工作单位随机选出一百个与你年龄相仿的人，你觉得与你相比，他们中多少人会对他们的生活感到更满意？如果是从世界上任意地方随机选出一千个人呢？

Question,

假设当你死后，人们把你的尸体丢进森林里，任其腐烂，你会觉得难过吗？

Question,

如果你必须从两种几乎相同的药物中选择一个：一种是在实验室中精心合成的化学药品，另一种则是从药用植物中精心提炼的提取物，你会选择哪种，为什么？

Question

如果你可以挽救一整辆汽车上无辜游客的性命，那么你愿意在你的身上文一个餐盘大小的文身吗？如果愿意，你希望这个文身是什么样子的，文在你身上什么位置？

Question

你一生中有多少个性伴侣？你是希望自己的性伴侣更多一点还是更少一点？

Question

你的生命中有没有什么很重要的东西，让你觉得少了它就活不下去了？如果放在十年前，你的回答会不一样吗？

?

你是否曾经认真考虑过要自杀？

Question,

如果女性可以在绝经之后通过冷冻卵子来怀孕，那么你觉得超过了哪个年龄段女性就不该再生孩子了？如果是男性呢？如果真有这样的法定年龄限制，当有人违反这项法律时该受到什么样的惩罚？

Question,

如果你的朋友和熟人愿意坦诚地告诉你他们对你的看法，你愿意听吗？你觉得他们会告诉你什么？

为了给人留下好印象，你愿意付出怎样的努力？如果别人喜欢你是因为他们认为你有某些特质，而实际上你并没有，这会让你觉得困扰吗？

Question

如果明天你醒来之后会变成另一个人，从此过着他/她的生活，你愿意吗？如果愿意，你希望变成谁？如果一个月或者一年后你又变回你自己，你还愿意吗？

Question

你是否希望政府大量安装随车传感器和路用传感器，只要有人超速、遇到停车标志不停车或者违规停车就能自动开罚单？

你觉得非常严格地强制执法，最大的好处是什么？最让你反感的又是什么？

Question,

如果你的婚姻还算幸福，没有孩子，有一天突然遇到一个人，你知道他/她能够始终给你轰轰烈烈令人沉醉的爱情，你会离开你的配偶吗？如果你有孩子，而且孩子还小呢？

Question

如果有一种药物可以让你十二个小时内都非常快乐，而且没有副作用，你愿意尝试吗？如果愿意的话，要是这种药物很容易上瘾，一旦使用之后再也停不下来，你每时每刻都想要这样快乐的感觉，你还会尝试吗？

如果一种药物可以提升幸福感，但是会产生严重的副作用——第二天你会记得美好幸福的感觉，但是忘了真正发生过什么事——你愿意使用吗？有一些回忆让人记忆深刻是因为它给你美好的感觉，与实际发生的事情无关，你会珍惜这种回忆吗？

Question

你生命中最重要的人是谁？你可以做些什么来改善与这个人的关系？你会这么做吗？

Question

如果你做了一些可笑的事情，其他人注意到了并开始嘲笑你，这会让你觉得很难受吗？你觉得你身上最好笑的一点是什么？

你上一次真心觉得自己很好笑是什么时候？当时是什么这么好笑？

Question,

你需要进行一次危险的脑部手术，而且必须从下列两位外科医生中选择一位：一位医术高明，但不诚实，是个怪人；另一个医术不如前一个高，但是为人诚实友好。你会选择哪一位？如果你被指控犯下重大罪行，也有同样的两位律师供你选择，你选择哪一位？

Question

你支持死刑吗？如果法院随机选择你来给犯人执行死刑，你知道只要按下开关就能执行死刑，而如果你拒绝执行，这个犯人就会被释放，你会怎么做？前提是假设你不知道犯人犯了什么罪。

?

Question

如果你能够改变你父母抚养你长大的方式，你会改变什么？

有了自己孩子之后，你抚养他们长大的方法会和你的父母抚养你的方式有什么不同？如果你的孩子已经长大成人，但你有机会利用现在的知识和经验重新抚养他们长大，你会做出什么改变？

Question,

是否有一件事是你梦想了很久，但是还没做成的？你为什么不去做？对于梦想，是永远不实现更好一些，还是只设定能够轻易实现的梦想更好一些？

如果你的梦想变为现实，这对你的生活会有怎样的提升？你的哪些梦想已经实现了？

Question

你相信神灵吗？如果不相信，在遇到生命威胁的时候，你觉得自己还是会做祈祷吗？

Question,

你十二岁的女儿侵入一个企业数据库，造成一百万美元的损失。被发现之后，她流着眼泪说这只是恶作剧，她不知道会造成这么大的损失。那么她应该受到怎样的惩罚？

Question

如果你远足前往一个遥远的海滩，那里几乎所有人都裸泳，你会留下来游泳吗？如果会，你也会选择裸泳吗？

?

你有多喜欢你自己的身体？如果你在一个温暖的早晨醒来，准备在屋子里闲逛打发时间，那要闲逛多久你才会开始照镜子？如果你有裸睡的习惯，你要闲逛多久才会穿上衣服？

Question,

在过去三个月里你是否有真正满意的性经历？让你感到满意的性经历需要具备哪些关键要素？

Question,

一天出门时，你看到你母亲牵着一个人的手，很明显那个人是她的情人。她看到你就追过来，央求你不要告诉你的父亲。这种情况下你会怎么做?

?

如果出轨的人是你的父亲呢?

Question

与你很亲密的一个人将会在接下来几个月内去世，除非你将一个肾脏捐给他/她。如果你知道肾脏切除手术的成功率很高，而且你的寿命不会受到很大影响，你会愿意捐献吗？如果手术比较危险呢？

如果你可以拒绝，而且其他任何人都不会知道呢？或者如果需要肾脏那个人不想要你做出这样的牺牲呢？

Question

某个温暖晴朗的日子，你和你的朋友一起到山上一个结冰的湖泊游玩。如果你知道跳进湖中的一刹那将是刺骨的寒冷，让人难以忍受，但熬过之后就会神清气爽，很庆幸自己跳了下来。你会坚持跳下去吗?

Question

你是否觉得拒绝别人很难，最后总是要做你自己不愿意做的事？如果是，为什么你会觉得拒绝别人很难？

?

如果你必须要告诉别人一些他们不愿意听的事情，你会直接告诉他们吗？如果不会，说说为什么？

Question,

你最后一次偷东西是什么时候？为什么从那之后你再也没有偷过东西？如果你确定你不会被抓到，有没有什么东西是你特别想偷的？

Question,

如果让你选择，你更愿意和父母一起度假一个月时间，还是加班四周，但是没有加班费？

Question,

下列任一事件中，有你愿意为之做出巨大牺牲的吗？

将你的头像印在邮票上；在公园里立一尊你的雕像；以你的名字命名一所大学；授予你诺贝尔奖？

名声对你而言重要吗？你是否曾为他人做出巨大牺牲却只字不提？

下列哪一项对你更重要：知道自己做了一件了不起的事；因为做这件事而受到认可？

Question,

如果你十几岁的儿子在一次离奇事故中丧生，而你还想要一个孩子，你会选择克隆跟你死去的儿子一模一样的另一个孩子，还是自然生产另一个孩子？

?

如果此时你已经无法生育，无法自己再生一个孩子，你又会作何选择？

Question,

对你而言，哪些事情是非常严肃，不能用来开玩笑的？（假设你不在机场，也没有人来追捕你。）

Question

191

你上一次觉得对工作充满热情和期待是什么时候？你上一次觉得对生活充满热情和期待是什么时候？这种热情对你而言有多重要？

Question,

如果有人给你一个信封，里面装着你的死亡日期，而你知道自己没有改变命运的能力，你会打开信封看吗？

?

知道死亡的日期对你规划你的人生有什么帮助？坦诚地说，你认为你的生命还剩下几年？

Question,

你是否曾在公共场合吐痰、剔牙或挖鼻孔?

Question

你希望可以选择自己孩子的性别吗？如果你可以选择孩子的其他特质呢，比如智商、身高、脾气和长相？

?

如果你的孩子比你更聪明更招人喜欢，会有什么问题？

如果你可以通过安全的医疗程序对孩子的胚胎进行基因修正，保证孩子出生时不会存在身体或心理上的残疾，你愿意尝试吗？

Question,

195

如果你爱的人被残忍谋杀，而凶手却因为技术性细则而被洗脱罪名，你会找凶手复仇吗？

Question,

如果一个好朋友真心想要知道你的意见，但是你知道你的看法会让他觉得痛苦，例如他是一位艺术家，让你诚实评价他的艺术才华，但你觉得他很差劲，你会实话告诉他吗？

?

Question

你有没有十分中意的性幻想？如果有，为了实现这个幻想你愿意付出什么？

你有没有告诉过你的父母？

Question,

你带给这个世界最重要的东西是什么（不包括孩子），而且如果没有你，这些东西根本不会存在？

Question

你想要知道你患上某种不治之症的几率吗？为什么？

Question

有一个百万富翁是个怪人，他同意向慈善事业捐赠一大笔钱，条件是你必须脱光衣服坐车来到热闹的市中心，裸体走满四个街区。这之后他才会提供捐款。如果你知道不会有身体上的伤害，那么他需要捐赠多大一笔钱你才会同意这么做？如果你知道这个过程会被拍下来传到网上去呢？

下面哪件事最让你难堪：在公共场所裸露身体；陌生人向你吐口水；因为入店行窃被捕；在晚宴上呕吐到别人身上；在街上乞讨？

如果一群陌生人不知道你是谁而且再也不会见到你，在他们面前被羞辱会让你觉得有多难受？

Question,

如果你可以得到每年十五万美元的固定津贴（按照通货膨胀率浮动），而且接受这份津贴意味着你无法再赚钱或者无法继承其他遗产，你会接受吗？对于这种津贴，你可以接受的底线是多少钱？

Question

你上次在另一个人面前哭泣是什么时候？你上次独自哭泣又是什么时候？

Question,

如果你喜欢上另一个种族的人，跟他/她在一起时你的举止会与跟本族人在一起有何区别？为什么？

如果你喜欢上的人信仰另一个宗教，或者来自一个完全不同的文化呢?

Question,

如果给你一块可以显示你所在位置的声控手表，当你遇到危险呼救时警察可以马上赶到，你愿意戴吗？如果愿意，你会因为更安全了而做一些你本不会做的事情吗？

如果你可以用这个手表创建一个档案，记录你每一分钟的行踪，你会这么做吗？如果会，你会用这个档案干什么，你会担心这些信息落入其他人手中吗？

Question,

你相信世界上存在鬼魂或者恶魔吗？你愿意在一个偏远的鬼屋里一个人呆一晚上吗？

Question,

你评判别人的标准高于还是低于你评判自己的标准?

Question

很多人跑步都很快，但是想要成为世界一流的跑步选手，你需要一些特殊的关键基因。假设你是你所在地区最好的跑步选手，而你很想获得奥运金牌，你会检查自己的基因吗？如果会，万一你发现自己没有成为一流跑步选手的基因该怎么办？

Question

如果有人愿意出钱长期供养一千个儿童直至他们成年，使他们免受饥饿之苦，条件是你五年内不得使用网络，你愿意吗？

如果还要求你必须放弃使用短信、电子邮件、电话和电视，你还愿意吗？

如果是要求你从今往后再也不能吃甜点呢？

Question,

如果要求你必须从以下两者中选择一个，你会选择：拥有一个亲密的灵魂伴侣，但是没有好朋友；还是无法拥有灵魂伴侣，但是拥有许多好朋友？

Question,

如果接下来两年里，你必须和另一个人一起住在南极洲一个小屋子里，给你充分的给养，你想跟谁一起？

?

Question

如果你知道几天后你就会死去，哪些事情会让你觉得遗憾？如果再让你活五年，你可以弥补哪些遗憾？

你是否会设想未来，然后以你将来可能希望的方式过现在的生活？

Question

如果你的体重一开始增加，你的汽车就会温柔地告诉你注意你的体重，那么多长时间以后你会忍不住卸载掉这个功能？

Question,

下面两种生活你会选择哪一种：一个是起伏跌宕的人生，充满喜悦、悲伤、激情和冒险，体验过巨大的成功，也经历过伤痛的挫折；一个是幸福安稳的人生，没有大起大落，一切都在意料之中，有朋友和家人陪伴在你身边？

Question

如果给你两万美元，你愿意把头发剃光，不戴帽子和假发进行日常活动，直到头发长回来吗？至少给你多少钱你才会愿意这么做？

Question

如果你知道你怀的孩子将是重度智障，只能活到五岁，你会选择堕胎吗？父亲是否该有法定权利参与这个决定？

?

假设有个孩子刚出生时就是严重残疾，而父母无法（或者不愿意）照顾他，他的一生都要在慈善机构中度过。那么一出生就杀死这样的婴儿，你会有什么感想？

Question

如果你与某人相恋，但是几年之后想要分手。结果他/她告诉你，如果你离开他/她，他/她就会自杀，你知道他/她不是开玩笑，你会怎么做？

Question

如果给你五千美元，你愿意在拥挤的餐厅里因为一件小事，以令人厌恶的方式斥责服务员吗？如果不愿意的话，是因为这么做会让你难堪，还是因为这会伤害服务员的感情？

你觉得如果告诉服务员，她会让你放弃这个打赌，还是会让你事后跟她平分五千美元？

Question

如果公开处决犯人，你会到现场去观看吗？如果是把处决犯人的视频放到网上，你会去看吗？如果你选择上网观看而不是去现场，理由是什么？

Question,

如果社会科技发展到能够让每个人都享受中上阶层的物质福利，还不需要工作，那你会怎样改变你的人生？对于这种物质非常丰裕的社会，你最大的担忧是什么？

Question

如果有人贿赂你一大笔钱，让你给他提供你所在公司产品的机密信息，你会接受吗？假设你知道不会有人发现。

对于没病的时候请病假，或者伪造费用报表你又怎么看？如果你在 ATM 机上取钱时机子多吐了一些钱，你会告诉银行吗？

Question,

如果不用考虑费用，你可以去世界上任何地方度假一个月，你会选择什么地方，你准备去做什么？

Question,

如果可以将全国每个人的基因遗传信息都保存在DNA数据库中，这样就可以通过基因读取器在任何时候准确识别任何人的身份，你支持吗？对于这样一个系统，你最大的担忧是什么？

?

Question

如果你知道连续五年做一件无聊而且没有成就感的事（例如清洗厕所）会让你余生感到满足，而且能够找到内心的安宁，你愿意吗？如果不愿意的话，这个期限缩短到多久你才愿意？

Question

如果可以让你从现在开始再活一百年，你愿意变丑吗？

?

如果你发生车祸之后面部永久毁容了，你觉得这会对你的人生有何影响？

Question

如果在你濒死时将大脑取出，放入营养液中，然后用电线连接至传感器和控制器，这样你就可以看见、听见外界事物，甚至可以讲话，可以避免死亡，你愿意吗？你觉得这个想法恐怖还是有趣？为什么？

如果可以让你无缝链接到所有在线通信路径、社交媒体应用程序和游戏程序，这样你实际上就生活在网络上，你愿意吗？

Question

在你生活中是否有过于私人的问题不能和他人讨论？如果有，你是否有跟人讨论过，然后发现不合适？当时是什么情况？

Question

你走在路上时发现有人丢了一个钱包，里面有一千美元现金。如果钱包里还有姓名和地址信息，你会把它送还给失主吗？如果失主身份证照片上是一个看起来很富有的年轻人或者是一个脆弱的老妇人，这两种情况对你的选择是否有影响？

如果你自己丢了钱包，你觉得别人将它送还给你的几率高吗？

Question

如果命中注定你要遭遇一场严重的车祸，导致你失明，失聪，或者失去所有记忆，你觉得哪种结果是最可怕的？哪种最不严重？

Question

如果你的孩子是以你为模板克隆出来的，除了年纪小以外，其他一切都一样，你觉得许多年的人生经历赋予你的自我意识和自我认知会不会让你成为一个更好的父母，你能比你的父母做得更好吗？

Question,

如果你的婚姻除了无性生活外，一切完美，你会感到满足吗?

?

你能否将性与爱区分开来？如果可以让配偶以外的人满足你的性需求，会给你带来长久的满足吗？

Question,

如果给你五千美元，你愿意生吞一碗蟋蟀吗？至少给你多少钱你才愿意这么做？

Question

就在你准备和家人一起乘飞机去度假的前一个晚上，你在派对上遇到一个算命的，她给你看了手相，然后变得非常难过，说她看见一架飞机突然着火，你在其中燃烧尖叫。这会让你变得非常不安，甚至决定更改行程吗？

Question,

对于你生命中遇见的那些人，你觉得你对他们的生活有什么重要影响吗？是否曾经有人在很短的一段时间内对你的生活产生重大影响？

?

你是否会因长辈的人生经验更丰富而重视他们给你的意见？

Question

一对聋哑夫妇准备通过试管授精要一个孩子，并将聋哑基因移植到孩子胚胎上，确保生下来的孩子也是聋哑人。你觉得这么做对吗？是否应该禁止这种行为？

?

Question

你愿意做一个成功的人，拥有一切你想要拥有的物质财富，但是却没有朋友；还是宁愿不要成功，不要物质财富，但是拥有很多朋友？

Question,

如果你可以给别人服用一剂爱情迷药，让他们无可救药地永远爱上你，你会这么做吗？如果会，你想要对谁这么做？你觉得他们对你的爱会不会变成你的负担？

你是否曾经希望爱上一个你仅仅对他 / 她有好感的人？如果你遇到认为对的人，你愿不愿意吃下一片药然后爱上他 / 她，即使无法保证他 / 她也会爱上你？

Question

如果你可以把过去不愉快的回忆修改成美好的回忆，你愿意尝试吗？如果愿意，你想要修改什么回忆，为什么？

如果你曾经觉得人很好的一个已经过世的亲戚实际上是个恋童癖，或者你非常怀念但是已经去世的父亲实际上是小偷，骗子，你会想要知道事实吗？如果你想要知道，为什么？

Question,

你是否曾经因为别人比你幸运或比你成功而不喜欢这个人?

Question,

你的第一次性经历是在几岁？在你看来，这个经历是推迟一点还是提早一点对你更好？

?

你是否觉得当时如果有人事先告诉你一些经验，就可以让你的第一次性经历更美好一些。如果有，那会是什么经验？

Question,

对于你的生活，你最喜欢和最讨厌的各是什么方面？

Question,

如果你有一百万美元可以匿名捐赠给一个陌生人或者捐赠用于其他用途，你会怎么支配这笔钱？

Question,

你可以选择住在两个地方：第一个地方你能做生意，如果成功了就会变得富有，失败了就会穷困潦倒；在第二个地方你没有什么机会变得富有，但这里社会保障制度比较完善。你会选择哪里？

Question

你带领着一百个人，但是现在他们都面临生命危险，这时你必须从两条路中选择一条。一条可以救下九十五个人，但是五个人会死去；另一条成功的机会是50%，如果成功了你可以救下所有人，如果失败了所有人都会死去。你会选择怎么做？

如果你必须决定哪五个人去死，你会怎么选？

Question,

如果你发现你十三岁的孩子在网上看令你震惊的硬性色情作品，你该怎么办？

Question,

如果有一种药片可以让你整天吃东西，但是不会吸收卡路里或营养，你想要尝试吗？如果想，有没有哪种食物是你特别想拼命吃的？

Question,

如果你正准备试管授精，这时医生告诉你，向胚胎里注射人造染色体可以安全地将孩子的寿命延长二十五年，你愿意吗？

如果你发现你的父母本来可以通过基因工程提高你的健康水平，延长你的寿命，但是他们没有这么做，而是让你自然出生，这会让你感到高兴还是失望？如果你认识的人里有一半都经过基因改良，你又会怎么想？

Question

如果你有两万五千美元可以随意花，那么匿名捐助陌生人和留着自己用，你更愿意选择哪个？如果你可以随意花费的金额是五百万美元，而捐赠给陌生人的是五千万美元，你愿意吗？

Question,

你有多少个保持十年以上友谊的朋友？你觉得对你而言，哪些朋友十年后还跟现在一样重要？

Question,

你和一个熟人正在地下深处参观一个由旧矿井改造成的混凝土军械库，这时突然发生坍塌。你知道现在整个矿井已经完全被塌方密封，抢救人员正在开凿气孔，但是需要十五个小时才能开凿好。即使你们两个人都服下安眠药来降低新陈代谢，剩下的氧气也只能再维持十个小时，你们两个人没法一起活下来。这时你的同伴服下安眠药，给你一把上膛的手枪，说由你决定谁生谁死，然后就睡着了，你会怎么做？

Question,

如果你能够变得像自己希望的那样外向活泼，不受拘束，你会做些什么事情？

在与人交往的过程中，你会主动出击结交新朋友还是等待别人来与你认识？

Question,

如果为了防止蓝鲸灭绝你必须变成一个四肢瘫痪的人，脖子以下部位全部瘫痪（你知道不这么做蓝鲸一定会灭绝），那么为了拯救蓝鲸你愿意保持这种状态多长时间？假设只要时间一到，你立刻就能完全恢复健康。

?

你的生活中是否有什么东西非常珍贵，你不会为了任何事情而牺牲它，例如诚信、健康、幸福或孩子？

Question,

你在生活中是会保持还是避免一些常规惯例，例如每天睡在床上同一个位置，每天三餐吃一样的东西，每次都到相同的地方度假？为什么？

Question

如果让你选择，你愿意迟钝一点，缺乏想象力但过得很幸福，还是愿意变得很聪明很有创造力，但是过得不幸福？例如，你希望你的一生像艺术巨匠梵高一样充满折磨，还是希望头脑简单一点，过得幸福，无忧无虑？

Question

如果你承诺了要做什么，你是否一定会遵守诺言做到？如果一个人想要赢得你的信任，他需要做些什么？

Question

你愿意住在离你父母比较近还是比较远的地方？如果是你的兄弟姐妹，成年子女呢？

Question

当你与朋友待在一起时，你们之间会经常拥抱、亲吻、打闹，抚摸背部互相安慰吗？你希望你们之间这样的身体接触多一些还是少一些？

Question

如果你能通过时间旅行到未来，并且再也无法回来了，你愿意去吗？如果你可以带上几个人同行，你愿意吗？如果你必须去到未来，你会去多少年以后？

需要什么样的诱惑才会让你放弃现在的生活，甘心面对未知的未来？

你觉得过去的人比我们更有冒险精神，还是他们更习惯于冒险？

Question,

在和你亲近的所有人中，谁去世了会让你觉得最痛苦？

Question

你希望你孩子所在的小学安装几百个隐藏摄像头，监控学校里发生的一切，让家长可以随时上网查看他们的孩子吗？

?

如果可以从这些摄像机中选取特定事件和孩子们发生争执的场面，在孩子面前重播，让他们观看自己当时的样子，讨论事情是怎么发生的，你觉得这会是一个很好的教育工具吗？

Question,

你和一个朋友约好了共度一晚，但是前一天你突然发现第二天晚上你可以做更刺激更有趣的事情。这时你会怎么做?

Question,

在你的一生中最让你感到失望的是什么，你最大的失败是什么？从这些失望和失败中你是否得到一些积极的收获？

Question,

如果电脑能够思考，有自己的感觉，那么人们还应该拥有电脑吗？如果人类伤害或者毁坏电脑，是否应该受惩罚，受什么样的惩罚？

抹掉一台有意识的电脑的内存是否可以视为谋杀？如果这台电脑有完整的备份呢？

Question

如果你发现你的出生并非精子和卵子的偶然结合，而是你父母根据你可能拥有的性格和脾气从一百个胚胎中选出来的，你有什么感觉？

Question

如果你的余生可以在平静的睡眠中度过，你所需要的一切都有人照料，而且你会做美妙神奇的梦，你愿意吗？为什么？

Question,

如果某国家开始实施一项优生项目，将下一代孩子的平均智商提高30%，这样他们国家一般的孩子会比你们国家98%的孩子都聪明，你希望自己的国家做些什么吗？该怎么做？

他们实施的这个项目会如何改变你对人类基因改良的看法？

Question,

如果你经过催眠忘记了你一生中最大的烦恼，这会对你的生活有什么影响？你最大的烦恼是什么？

Question,

你更习惯于聆听别人发言还是自己发言？对你而言，如果将这两者对调一下，你觉得会更好吗？

在与人交流的时候，你想在他们身上找到什么？通常你会通过自己的举止引导谈话内容朝着你想要的方向发展吗？如果不会，你觉得以后可以怎样改进？

Question,

如果你可以回到过去生活的任何一个时间点改变你当时做的决定，然后从那个时候开始重新生活（在这之后已经发生的所有事情都会消失，就像没有发生过一样），你愿意吗？如果愿意，你想不想保留已经消失的那段生活的记忆，即使你知道你永远不会有这样的生活？

Question

睡觉时，你喜欢与你爱人有身体接触吗？

Question

你是否会为了好朋友作伪证？例如你的朋友开车的时候撞了一个行人，当时他在听广播，听得很开心，没有专心开车，但是你却作证说他当时在认真开车。

Question,

如果你有一个家务机器人，可以包揽所有家务，包括收拾衣服、买菜、做饭，那么有没有哪项家务是你想亲力亲为的？

Question

与全世界大部分人相比，你认为你的诚信、开放、热情等性格可以排在什么位置？

你觉得你的家人会同意你的看法吗？

Question,

接下来五年里你想要做什么？你觉得你实际上会做什么？

?

与你五年前的想象相比，你现在的生活是更好了还是更差了？改变的是哪些方面？是变好了还是变差了？

Question

如果你发现一百年以前你的高曾祖父抢劫并杀害了一个人，你会尝试对这个人的后代做一些补偿吗？如果这个人的玄孙找到你，要求你或你的孩子支付一万美元给他孩子，以弥补你的祖先犯下的错，你会怎么做？

?

你认为自己是否应该为同一宗教、国家或者种族的人承担错误呢？这错误可能是参与贩卖奴隶，种族屠杀，或者曾经做过什么不公正的事情，而你本人与这些错误没有直接关系。如果应该，那么这样的责任要追溯到几代人？如果不应该的话，要是你间接从这些罪行中获益了呢？

Question

你赞同让有名的人免试进入名牌大学吗？如果你自己是有名的人呢？

Question

你是否经常出于礼貌说了言不由衷的话？例如，当你终于要从一次无聊的对话中脱身，在告别的时候你却装作很享受这次交谈。

Question,

如果你可以在电话上安装一个近乎完美的测谎仪，别人只要一说谎你就会发现，你愿意安装吗？如果愿意，你会经常使用还是只在特定情况下才会使用？

你觉得如果我们总能发现别人是不是欺骗我们，我们的生活会更好一点还是更糟糕一点？如果每个人始终说实话，我们的社会会变成什么样？

Question

如果你在高速公路上看到一场严重的车祸，当时救护车已经来了，而你停下车不会对救人有什么帮助，但也不会妨碍救人，那么你会停下来看吗?

Question,

如果在你死后将你冷冻起来，也许一两百年过后有可能把你救活，你会放弃土葬或火化，而选择人体冷冻吗？假设人体冷冻与土葬或火化的费用是一样的。如果不愿意，说说为什么？

Question,

如果你必须在手臂上刻一句话提醒自己，你会刻什么？

Question

如果你给你十几岁的孩子买车时，店员告诉你可以给汽车安上某个装置，之后你便能持续监视车辆的状态和位置，从而得知自己的孩子在哪里，以怎样的方式开车，你会安装吗？

你会同意在你的车上装这样的监视装置吗?

Question

你正在邻居家门前的人行道上跑步，因为人行道结冰，你摔了一跤，摔断了腿。而摔断腿让你错失了一个赚大钱的机会，你会将邻居告上法庭吗？

Question,

如果你可以自己选择死亡的方式，你会选什么？

你更愿意因为救人而英勇地死去，还是希望在朋友陪伴下安静死去，或是希望在梦中去世？

你对待死亡态度的哪些方面可以体现你对待生活的态度？

Question,

如果有一天下午你突然回家，发现你的配偶正在一个角色扮演游戏中和网络情人露骨地调情，你会怎么做？假设他们的关系已经持续几个月，但是从来没有讨论过见面。

这样的背叛与现实生活中的一夜情有何区别？

Question,

你相信你的直觉吗？在职场生活中，你依赖直觉做出的决定有哪些？私人生活中呢？

Question

你想要成为国家主席吗？为什么？如果你知道当你离职后全国四分之一的人会鄙视你，你还想当吗？

Question,

如果给你服用一个药片后，你一整年都会觉得很满足，而且没有副作用，只是觉得很开心的同时还能继续做你目前正在做的事情，你愿意吗？如果你知道这会带来永久性的副作用，你还会尝试吗？

你觉得对自己目前的状态保持一种持久、深深的满足感会对你的生活有所提升，还是带来负面影响？这样一种满足感会怎样改变你当前的人际关系？

Question

你会为了诱人的广告去购买一款并非自己生活所需的产品吗？你认为广告对大众消费有利还是有弊？

Question,

如果军方可以操控蜂鸟大小的无人机进入世界上任何一个房间的窗户然后将其引爆，你希望将这种武器用于暗杀吗？如果希望，你最希望暗杀谁？

?

Question

展望未来的时候，你是充满期待还是充满忧虑？

Question,

如果向你保证你问的任意三个问题都会得到诚实的回答，你想问谁，你想问什么？

?

鸣　谢

在此，我要感谢我的编辑梅齐·蒂夫南（Maisie Tivnan），她让我发现我可以从全新的视角来看待这些问题，和她一起工作我很开心；感谢我的经纪人，也是多年的朋友——乔·史佩乐（Joe Spieler），他给我的意见总是一针见血，让我时刻保持警醒；感谢我亲爱的妻子罗莉·费什（Lori Fish），她耐心地回答了我很多问题，多到她表示下半辈子不想再回答我任何问题了。

此外我要感谢在本书起草期间提出宝贵意见的朋友们，特别是塔利亚·玛塔（Talia Mata）、苏珊·博洛廷（Susan Bolotin）、胡里奥·盖尼耶（Julio Gagné）、黛博拉·巴顿（Deborah Patton）、卡洛斯·德维斯（Carlos Devis）和罗伯特·孟格尔（Robert Mogel），感谢你们。

我还要感谢彼得·沃克曼（Peter Workman），即使遇到一次又一次的推迟，他也能保持耐心，正是他的宽容才让这本书最终得以出版；也要感谢卡罗兰·沃克曼（Carolan Workman），感谢她热爱提问，也感谢她为实现这个项目做出的努力。

最后再次感谢在本书第一版中做出贡献的每一个人，他们是：约翰·萨默尔（John Summer）、迈克尔·卡德尔（Michael Cader）、大卫·布拉兹诺（David Breznau）、克劳迪娅·萨默尔（Claudia Summer）、唐·庞托罗（Don Ponturo）、莉比·安德森(Libby Anderson)、理查德·坎贝尔(Richard Campbell)、安·科尔(Ann Cole)、金妮·马祖尔(Ginny Mazur)、彼得·特伦特(Peter Trent)、弗雷德·韦伯(Fred Weber)以及艾尔沙德·扎卡里亚(Arshad Zakaria)。如果没有他们的帮助，也就不会有这个新版。在我重新编写这个新版的过程中，有两个朋友给我很大帮助：感谢唐·庞托罗(Don Ponturo)，他不断鼓励我，帮助我确定这本书的基调；感谢约翰·萨默尔(John Summer)，从大学起就跟我一样爱提问的人，他为第一版贡献了许多，也在这本书中留下不可磨灭的印记。

关于作者

乔治·斯托克博士（Gregory Stock,Ph.D.）一生热爱提问。从儿时开始他就不断提问，从未停止过。他写了许多本问题书，包括《给孩子准备的问题》（The Kids’ Book of Questions）和《爱与性有关的问题》（Love & Sex: The Book of Questions）都已经成为图书史上经典之作，总销量超过千万册，被翻译成多种语言在全球各地出版。

乔治·斯托克博士从约翰霍普金斯大学获得博士学位，而且拥有哈佛工商管理硕士学位。他目前在加州咨询委员会（California Advisory Committee）从事干细胞和克隆技术研究，同时也是《进化与技术期刊》(Journal of Evolution & Technology)编辑部成员，还参与抗衰老研究。斯托克博士著有六十多篇论文，还发表了三本技术、伦理学和生命科学公共政策方面影响力巨大的专著，分别是：《改造人类生殖细胞系》（Engineering the Human Germline），《梅塔人：将人类和机器整合成超级有机体》（Metaman: The Merging of Humans and Machines into a Global Super organism）和《再造人类：人类无法避免的基因前景》（Redesigning Humans: Our Inevitable Genetic Future),第三本著作曾荣获得基斯特勒(Kistler)科学类图书奖。

斯托克博士接受媒体采访超千次，主要谈论人生问题与价值观，他还经常作为基因组学和其他科技领域的权威专家受邀参加电视和广播节目。此外，斯托克博士还是加州大学医学院的医学、科技与社会项目的创始董事，Signum Biosciences（从事老年痴呆症治疗方法的研发）和 Ecoeos（这家企业掌握一种基因检测方法，可以测定个人对于汞接触的脆弱性）两家企业的创始总裁。

图书在版编目（CIP）数据

问题之书 / (美) 乔治·斯托克 (Gregory Stock) 著 ; 林晓琴译 . — 南京 : 江苏凤凰文艺出版社 ,2016.12

ISBN 978-7-5399-9822-0

Ⅰ . ①问… Ⅱ . ①乔… ②林… Ⅲ . ①心理学—研究 Ⅳ . ① B84

中国版本图书馆 CIP 数据核字（2016）第 282411 号

著作权合同登记号 图字：10-2016-598

书　　名	问题之书
作　　者	乔治·斯托克
出版统筹	刘运东
选题策划	肖　恋
责任编辑	胡小河　姚　丽
文字统筹	李晓兴
封面设计	程　然
责任监制	刘　巍　江伟明
出版发行	江苏凤凰文艺出版社
出版社地址	南京市中央路165号，邮编：210009
出版社网址	http://www.jswenyi.com
印　　刷	北京市松源印刷有限公司
开　　本	889×1194毫米　1/40
字　　数	30千字
印　　张	15
版　　次	2017年1月第1版，2018年12月第3次印刷
标准书号	ISBN 978-7-5399-9822-0
定　　价	48.00元